von Prof. Witzig empfohlen:

SUPERSTARKE SCHÜLERWITZE

DIESES BUCH GEHÖRT:

NAME

Edition Trötsch
Geschwister-Scholl-Straße 11
15537 Gosen-Neu Zittau
www.troetsch.de

Gestaltung: Christian Habicht, Eisenberg

DU KOMMST HEUTE JA SCHON WIEDER ZU SPÄT !?!
ICH BIN AUF DEM SCHULWEG ÜBERFALLEN WORDEN.
DAS IST JA SCHLIMM, WURDE DIR ETWAS GE-STOHLEN?
ZUM GLÜCK NUR DIE HAUS-AUFGABEN.

„Unser Bubi ist weggeflogen“, sagt Claudia traurig zu ihrem Bruder. „Dieser Schlingel! Jetzt weiß ich, warum er gestern die ganze Zeit in den Atlas geguckt hat, als ich meine Hausaufgaben gemacht habe!“

Scherzfrage:

Welches Gewicht will keiner verlieren?

Das Gleichgewicht

UND WIE WAR DER WINTER-URLAUB?
MIST. DER FERNSEHER IM HOTELZIMMER WAR KAPUTT.

Der Lehrer schreibt an die Eltern: „Ihre Tochter stört im Unterricht und schwatzt die ganze Zeit. Bitte mit Unterschrift zurück.“ Die Antwort des Vaters: „Sie sollten erst mal ihre Mutter hören. Gezeichnet: Baumann.“

„Was heißt Shalom?“, will der Lehrer im Religionsunterricht von Rebecca wissen.
„Shalom heißt Friede!“
„Sehr gut! Und was heißt El Shalom?“
„Elfriede.“

Hans hat sein Zeugnis bekommen und der Lehrer hat ihm eine sehr schlechte Beurteilung geschrieben. Die Mutter ist stinksauer: „Schämst du dich nicht? Du solltest dir ein Beispiel an deinem Vater nehmen, der darf wegen guter Führung das Gefängnis ein halbes Jahr früher verlassen!“

Marie kommt aus der Schule. „War die Klassenarbeit heute sehr schwer?“, will der Vater wissen. „Nein gar nicht. Das hättest sogar du gewusst!“

„Ich kann viel schneller rechnen als unser Lehrer!“
„Wirklich? Dann sag mal, wie viel ist 5+10?“
„18.“
„Das ist doch falsch!“
„Schon, aber dafür schnell!“

Im Geschichtsunterricht fragt der Lehrer: „Wer kann mir sagen, wann Rom erbaut wurde?“
Da meldet sich Sven: „Nachts!“
„Wie kommst du denn darauf?“, wundert sich der Lehrer über diese komische Antwort.
„Mein Vater sagt immer, Rom wurde nicht an einem Tag erbaut!“

Als Renate ihren Vortrag in Biologie beendet hat, sagt ihre Lehrerin:
„Besonders gut war das aber nicht vorgetragen.“
„Sicher“, sagt Renate, „mein Vortrag war nicht so perfekt wie Ihrer, aber dafür konnte die Klasse mir wenigstens geistig folgen.“

„In deinem Alter, meine Tochter, war Angela Merkel schon die Beste in ihrer Klasse.“
„Und in deinem Alter, Mama, war sie schon Bundeskanzlerin.“

WAS IST DAS GRÖSSERE PROBLEM. MANGELNDES WISSEN ODER DESINTERESSE?
WEISS NICHT, IST MIR AUCH EGAL.

Im Musikunterricht:

„Clara, sing doch bitte mal das C!“ Clara singt das C.
„Und jetzt ein F!“ Clara singt das F. „Sehr gut“, lobt der Musiklehrer.
„Und nun bitte G!“
„Sehr gerne!“, sagt Clara, packt ihre Bücher in den Ranzen und geht.

Die letzten Minuten einer Mathestunde sind wesentlich länger als die ersten.

SPITZENWITZ

„Wenn du einen Lehrer grüßt, dann nimm deine Mütze ab“, ermahnt der Lehrer.
„Aber ich habe meine Mütze doch gar nicht dabei“, sagt Tim.
„Die hast du doch auf deinem Kopf!“
„Nein, die gehört meinem Bruder!“

Scherzfrage:
Warum steht die Freiheitsstatue in New York?

Weil sie sich nicht hinsetzen kann.

„Mich wundert, dass ein Mensch alleine so viele Fehler in seinen Hausaufgaben machen kann wie du“, sagt der Lehrer. „Ein Mensch alleine kann das auch nicht“, erklärt Bill. „Mein Vater hat mir geholfen!“

Herr Lehmann kommt in die Schule. „Wieso haben Sie meinen Sohn nach Hause geschickt?“ „Er hat mir gesagt, dass seine Schwester die Masern gekriegt hat“, sagt der Lehrer. „Ja, das ist richtig, nur ist sie zurzeit als Austauschschülerin in Amerika.

„Ich habe gehört, du hast ein Schwesterchen bekommen. Wie heißt denn die Kleine?“
„Keine Ahnung, sie spricht noch so undeutlich!“

Der Lehrer fragt seine Schüler im Chemieunterricht: „Löst sich das Zweieurostück auf, welches ich eben in diese Säure geworfen habe?“

„Nein“ , sagt Benjamin.

„Prima, sehr gut!“, lobt der Lehrer. „Und warum nicht, Benjamin?“

„Weil Sie es sonst nicht reingeworfen hätten.“

„Herr Lehrer, kann man eigentlich für etwas bestraft werden, was man gar nicht gemacht hat?“

„Natürlich nicht!“

„Was für ein Glück! Ich habe nämlich meine Hausaufgaben nicht gemacht.“

Scherzfrage:
Warum trinken Mäuse keinen Schnaps?

Sie haben Angst vor dem Kater.

Lehrer: „Sag mal, Tom, wer hat deinen Aufsatz zu Hause geschrieben?“
Tom: „Mein Vater!“
Lehrer: „Ganz allein?“
Tom: „Nein, ein wenig habe ich geholfen!“

Robert flüstert während des Unterrichts zu seinem Banknachbarn: „Du, ich glaub‘, meine Füße sind eingeschlafen!“
Meint dieser: „So wie die riechen, könnte man glauben, die sind schon lange tot!“

„Und, wie war dein erster Schultag?“, fragt die Mutter ihren Sohn. „So ein Mist! Ich muss morgen wieder hin.“

„Es gibt für mich nichts Schöneres als Fliegen“, schwärmt Tobias seiner Freundin nach seinem ersten Flug nach Amerika vor. „Igitt, was du alles isst.“

SPITZENWITZ

„Was sagen Sie als Lehrer dazu, dass sich die Mädchen schon so früh schminken?“
„Das ist okay, die heulen dann wenigstens nicht, wenn sie eine schlechte Note bekommen.“

Scherzfrage:
Was ist der Unterschied zwischen Geige und Cello?
Das Cello brennt länger.

„Sage mir ein Wort, das man steigern kann!“
„Die Miete, Herr Lehrer!“

„Carl, kannst du mir sagen, wie die Mehrzahl von Baum heißt?“
„Wald!“

„Gute Nachricht, Mama. Du hast mir doch zehn Euro versprochen, wenn ich noch eine Zwei in Bio kriege."

„Ja, und?"

„Das Geld kannst du sparen."

„Ich kann nicht glauben, dass mein Sohn in Bio eine Sechs bekommt“, beschwert sich der Vater beim Lehrer. „Ich auch nicht“, sagt dieser. „Aber es ist nun mal die schlechteste Note, die ich vergeben kann.“

Der Lehrer ist stinksauer auf Tobias: „Gestern hast du mir versprochen, jemandem eine Freude zu machen, und jetzt muss ich hören, dass du den Paul verprügelt hast.“ „Aber, Herr Müller“, sagt Tobias, „Sie hätten sehen sollen, wie sehr sich Max darüber gefreut hat!“

„Mama, darf ich heute fernsehen, bis ich einschlafe?“
„Na gut, aber keine Minute länger!“

Scherzfrage:
Wie nennt man einen Mann, der mit Geldscheinen um sich wirft?
Scheinwerfer

Alle Welt beklagt sich über Lehrermangel, nur bei uns fehlt nie einer!

Scherzfrage:
Was ist der Unterschied zwischen einem Vogel und einem Pianisten?

Pianisten haben nur einen Flügel.

Fünfzigmal soll Michael den Satz „Ich darf den Lehrer nicht duzen.“ schreiben. Doch als er das Heft abgibt, hat er den Satz sogar hundertmal geschrieben. „Wieso hast du das so oft geschrieben?“, will der Lehrer wissen. „Ich wollte dir eine Freude machen!“

„Thomas, deine Hausaufgaben sind ja vollkommen falsch“, schimpft der Lehrer. „Hast du keine Geschwister, die dir helfen können?“
„Bis jetzt noch nicht, aber meine Mutter erwartet Zwillinge.“

Der Lehrer sagt zu Benjamin: „Bestimmt hast du dich wieder nicht auf die Schulstunde vorbereitet."
„Ganz im Gegenteil, Herr Kunze! Ich habe mich auf das Schlimmste vorbereitet."

Freudestrahlend erzählt Julia von ihrer ersten Englischstunde: „Stell dir vor, Mama, ich kann schon Guten Tag und Auf Wiedersehen auf Englisch sagen!" „Prima!", meint die Mutter, „Auf Deutsch konntest du es ja noch nicht."

Die Lehrerin in der Biostunde: „Der Mensch hat eine Körpertemperatur von 37 Grad, das Wild hat eine von 38,5 Grad und der Vogel hat eine Temperatur von 41 Grad.“
Da bemerkt die Lehrerin, dass Fred nicht aufgepasst hat. „Fred, wiederhole, was ich eben erklärt habe!“
„Der Mensch hat eine Temperatur von 37 Grad, wenn er wild wird, hat er 38,5 Grad, und wenn er einen Vogel hat, dann hat er 41 Grad.“

Scherzfrage:
Warum haben Fische Schuppen?

Damit sie ihre Fahrräder dort abstellen können.

„Und was ist dein Lieblings-instrument?“
„Der Essens-gong, Herr Lehrer!“

NA, DIE HOSE PASST JA WIE ANGEGOSSEN.
NUR UNTER DEN ARMEN DRÜCKT SIE ETWAS.

Der Biolehrer zu seinen Schülern: „Wer kennt ein Tier, das bei uns nicht vorkommt?“
„Der Dackel!“, sagt Fred.
„Blödsinn! Wie kommst du nur auf so eine Idee?“
„Also, wenn unser Dackel unter dem Sofa liegt, kann man machen, was man will, der kommt nicht vor!“

„Wer von euch kann mir sagen, welches Tier das klügste ist?“, fragt der Lehrer seine Klasse.
Susanne meldet sich: „Der Kuckuck!“
„Wie kommst du denn darauf?“
„Ganz einfach, er ist das einzige Tier, das seinen Namen sagen kann.“

Spitzenwitz

„Wieso läufst du die ganze Zeit hinter mir her?“, will Gisela wissen.
„Jetzt, wo du dich umdrehst, frage ich mich das auch ...“

Scherzfrage:
Von welchen Gaben wird man nicht reich?

Von den Ausgaben.

„Unseren jetzigen Kalender verdanken wir Papst Gregor XIII“, sagt der Lehrer im Geschichtsunterricht. Da sagt Tina: „Wir haben unseren von der Apotheke.“

„Betet ihr zu Hause auch immer vor dem Essen?“, wird Bill vom Religionslehrer gefragt. „Nö, Mutter kocht ganz gut!“

Scherzfrage:

Warum stehen Studenten schon um sieben Uhr auf?

Weil um acht Uhr der Supermarkt zumacht.

MIT DEN ZENSUREN KANNST DU NIEMALS RICHTERIN WERDEN!
NEE, KEINE RICHTIGE. SO EINE WIE SIE!
Hohes Gewicht

Nils flüstert zu seinem Banknachbarn nach der Klassenarbeit: „Mir ist gar nichts eingefallen, ich habe ein leeres Blatt abgegeben.“

„Bei mir war es genauso. Hoffentlich denkt der Lehrer nicht, ich hätte von dir abgeschrieben!“

Scherzfrage:
Welche Musik liebt der Schotte?

Den Rock

Bei dem neuen Schüler hat der Lehrer große Zweifel: der Name, das Aussehen … Schließlich fragt er: „Sag mal, bist du nun Junge oder Mädchen?“

„Ich werde antiautoritär erzogen und so darf ich jederzeit selbst entscheiden, was ich sein will!“

„Stefan, wenn dein Vater ein Steak in vier Teile teilt, wie viele Stücke hat er dann?“
„Acht!“
„Och, dein Vater ist wohl Zauberkünstler?“
„Nee, Gastwirt!“

HALLO SPITZENWITZ

Der Lehrer trennt die guten und die schlechten Arbeitshefte auf seinem Lehrertisch. „So, hier habe ich zwei Haufen gemacht!“ Die Schüler lachen schallend. Der Lehrer stinksauer: „Wenn weiter so gelacht wird, setze ich noch einen vor die Tür!“

„Wer von euch kann mir einen Satz mit „liberal“ bilden?“, fragt die Lehrerin. Kevin meldet sich: „Ich! Ich esse lieber Aal!“

„Na, Sophie, wie ist denn dein Zeugnis ausgefallen?“ „Ist doch egal, Tante. Hauptsache, wir sind gesund.“

AMEISEN SCHLEPPEN KÖRNER, DIE FÜNFZIGMAL SCHWERER SIND ALS SIE SELBST. WAS SCHLIESSEN WIR DARAUS?
Die Ameise
Formicidae
DASS SIE KEINE GEWERKSCHAFT HABEN.

Der Vater sagt zu seinem Sohn: „Also, wenn du deine Hausaufgaben ordentlich gemacht hast, darfst du heute Abend das Fußballspiel mitgucken!“
„Prima, die Sache hat nur einen Haken. Verliert meine Lieblingsmannschaft, hab‘ ich den ganzen Mist umsonst gemacht!“

„Wer kennt einen griechischen Dichter aus der Antike?“, fragt der Lehrer seine Klasse.
Paul meldet sich: „Achilles.“
„Wie kommst du denn darauf? Achilles war doch kein Dichter.“
„Naja, er ist doch durch seine Ferse berühmt geworden.“

„Hast du heute in der Schule wieder etwas angestellt?“, fragt die Mutter ihren Sohn. „Was kann ich schon anstellen, wenn ich die ganze Zeit in der Ecke stehe.“

Scherzfrage:
Wie verdoppelt man den Wert eines Trabis?

Einmal volltanken.

Abendgebet von Lea: „Lieber Gott, lass bitte Paris die Hauptstadt von Japan sein, sonst ist mein Aufsatz falsch.“

„Das darf doch nicht wahr sein!“, schimpft der Vater. „Jetzt hast du die Prüfung wieder nicht bestanden.“ „Was kann ich denn dafür“, sagt die Tochter, „wenn diese Knallköppe genau dieselben Fragen stellen wie im letzten Jahr.“

Lehrer: „Wer kann mir sagen, welche Fähigkeit beim Menschen am meisten geschätzt wird?“
„Ich glaub‘, die Zahlungsfähigkeit, Herr Lehrer.“

„Die Eintagsfliege“, sagt der Biolehrer, „lebt nur einen Tag!“
„Och, wie traurig“, meint da Lotte, „und wenn es dann noch regnet, hat sie gar nichts von ihrem Leben. Die Arme!“

Claudia wird in der Biostunde vom Lehrer gefragt: „Wie nennt man ein Lebewesen, das im Wasser und an Land leben kann?“ - „Matrose.“

ICH GEHE JETZT ZU MEINEM BEWERBUNGS-GESPRÄCH.
MACH' ABER WENIGSTENS DIE JACKE ZU.

Der Vater fragt seinen Sohn: „Wie viele Aufgaben hattest du heute in deiner Matheprüfung?“
„Zehn.“
„Und wie viele waren davon falsch?“
„Nur eine!“
„Das ist ja super, ich bin stolz auf dich! Und die andern?“
„Zu denen bin ich leider nicht mehr gekommen.“

Die Mutter kommt vom Elternabend zurück und sagt zu ihrem Sohn: „Hör mal, Maxi, dein Lehrer ist mit deiner Rechtschreibung gar nicht zufrieden. Mein Vorschlag: Von jetzt an nimmst du immer einen Duden, und wenn du Zweifel hast, kannst du darin nachschlagen!“
„Das ist eine tolle Idee“, meint Maxi „nur habe ich keine Zweifel.“

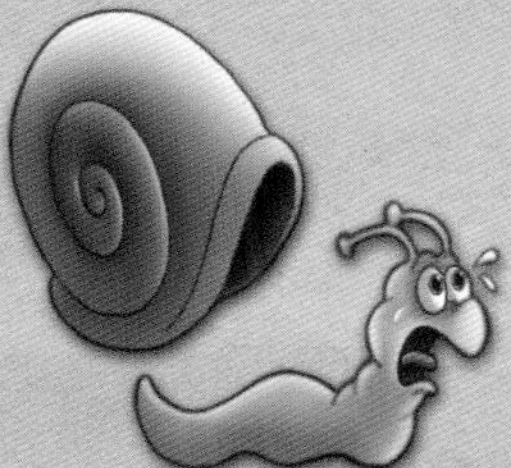

„Passt auf. Es gibt direkte und indirekte Steuern“, erklärt der Lehrer im Unterricht. „Die Einkommenssteuer ist eine direkte Steuer. Wer von euch kennt eine indirekte Steuer?“

„Die Hundesteuer“, antwortet Tim.

„Wie kommst du darauf?“, fragt der Lehrer.

„Ganz einfach, diese Steuer wird nicht direkt vom Hund bezahlt!“

Scherzfrage:
Was ist der Unterschied zwischen einem normalen Trabi und dem Sportmodell?

Im Sportmodell sind ein Paar Turnschuhe im Kofferraum.

„Du, Mama, was bin ich dir eigentlich wert?“
„Na mindestens eine Million Euro.“
„Prima, da kann ich bestimmt mal zehn Euro Vorschuss von dir haben?“

MÖCHTEST DU DEN PUTZIGEN BRAUNEN ODER DEN NIEDLICHEN WEISSEN?
DAS IST MEINER SCHLANGE EGAL.

Der Lehrer möchte von der Klasse wissen:
„Welche zwei Worte werden im Unterricht am meisten gebraucht?“
Paul: „Keine Ahnung.“
„Richtig.“

„Ich will nicht in die Schule!“
„Aber du musst in die Schule!“
„Die Schüler mögen mich nicht, die Lehrer hassen mich und der Hausmeister kann mich nicht ausstehen.“
„Trotzdem musst du in die Schule, schließlich bist du der Direktor!“

Lehrer sind Leute, die einem bei Problemen helfen, die man ohne sie nie hätte.

... ALSO, WIE VIELE FUSSWURZELKNOCHEN GIBT ES, UND WIE HEISSEN SIE?
ES GIBT VIELE FUSSWURZELKNOCHEN UND ICH HEISSE CHRISTEL!
Bitte Ruhe! Prüfung

Der Mathelehrer zu seiner Klasse: „Es gibt keine größere und keine kleinere Hälfte! Ich wiederhole das jetzt zum x-ten Mal, weil die größere Hälfte von euch wieder nicht aufpasst!“

Scherzfrage:

Was ist ein Cowboy ohne Pferd?

Ein Sattelschlepper!

Der Mathelehrer ist sauer: „Ihr seid so schlecht, dass ich eigentlich sechzig Prozent von euch durchfallen lassen müsste.“ „Sie sind lustig! Sechzig Prozent: So viele sind wir ja gar nicht.“

Der Lehrer sagt streng zu Lisa: „Die meisten Mädchen aus deiner Klasse haben eine schöne Handschrift, aber deine ist ja wirklich unleserlich. Ab heute gibst du dir mehr Mühe und schreibst schön deutlich, okay?“
„Na gut, aber Sie haben dann den Ärger mit den ganzen Rechtschreibfehlern!“

„Stimmt es, dass Lehrer bezahlt werden?“, fragt Ben seine Mutter. „Natürlich“, bestätigt diese. „Sauerei, und wir machen die ganze Arbeit.“

Die Geschichtslehrerin fragt Tino: „Was geschah 1749?“
„Da wurde Goethe geboren.“
„Super, Tino. Und was war 1759?“
„Da feierte Goethe seinen zehnten Geburtstag.“

Erdkundeunterricht:
„Wer kann mir auf der Landkarte zeigen, wo Amerika liegt?“, fragt der Lehrer. Johannes meldet sich und kann tatsächlich Amerika auf der Karte zeigen.
„Prima!“, lobt der Lehrer. „Und wer kann mir sagen, wer Amerika entdeckt hat?“
Da ruft die Klasse im Chor: „Das war Johannes!“

Scherzfrage:
Wo wohnen Katzen?

In einem Miezhaus.

„Was habt ihr denn gerade in der Schule?“, will der Vater von Lasse wissen.
„Das Kapital von Karl May.“
„Aber das ist doch nicht von Karl May, sondern von Karl Marx!“, berichtigt der Vater seinen Sohn.
„Ach, jetzt verstehe ich! Ich habe mich schon gewundert: Wir sind jetzt schon auf Seite 150, und es kommen immer noch keine Indianer darin vor.“

Der Lehrer nervt die Klasse mit unzähligen Fragen, für jede falsche Antwort gibt es schlechte Noten. Nun ist Lena an der Reihe. Sie soll ein bekanntes Sprichwort nennen. Lena denkt kurz nach und sagt: „Ein Narr fragt mehr, als zehn Weise beantworten können.“

Was war die größte Leistung der Römer? Dass sie Latein verstanden haben.

Scherzfrage:
Wie heißt ein Tausendfüßler auf Italienisch?

Molto bene.

WAS WÜRDEST DU SAGEN, WENN ICH SO DRECKIG IN DIE SCHULE KÄME?
NICHTS. ICH WÄRE ZU HÖFLICH, UM ES ÜBERHAUPT ZU ERWÄHNEN!

GUTE NACHRICHT! DU MUSST MIR NÄCHSTES JAHR KEINE NEUEN SCHULBÜCHER KAUFEN.